INVENTAIRE
V 48196

AF462219

LA LOIRE MARITIME

ET

LE SANITAT

NOTE HISTORIQUE D'APRÈS DES DOCUMENTS ENTIÈREMENT INÉDITS.

Par NOVALIS.

NANTES,

IMPRIMERIE V. DE COURMACEUL, RUE SANTEUIL, 8.

1862.

V

LA
LOIRE MARITIME
ET
LE SANITAT

BIBLIOTHÈQUE IMPÉRIALE IMPR.

NOTE HISTORIQUE D'APRÈS DES DOCUMENTS ENTIÈREMENT INÉDITS.

Par **NOVALIS**.

NANTES,
IMPRIMERIE V. DE COURMACEUL, RUE SANTEUIL, 8.

1862.

V
4096

AVANT-PROPOS.

Cette note a été écrite au sujet d'un revenu autrefois possédé par le Sanitat, et dont la Loire maritime était la source. Nous la publions à propos de l'attention générale dont ce fleuve est aujourd'hui l'objet. C'est un simple épisode, d'une mince importance, mais cependant d'un certain intérêt pour ceux qui peuvent apprécier les progrès nouveaux en matière d'administration, et qui ne se refusent point à puiser dans le passé des enseignements salutaires pour l'avenir.

Le passé ! aujourd'hui nous le consultons volontiers, non pas afin de rétrograder vers lui, mais afin d'y puiser de nouvelles forces pour marcher toujours devant nous. Aussi, depuis un quart de siècle, l'esprit d'investigation s'est-il porté en France vers les études historiques avec une ardeur inconnue auparavant. Nous vivons à une époque où l'on veut, où l'on désire en tout la vérité pure et dégagée de tout ombre. Si notre siècle ne rejette pas, s'il poursuit même, et avec raison, cet accroissement de bien-être matériel qui le pousse sans cesse à de grandes conceptions dont la réalisation fait déjà sa gloire, il ne marche pas avec une ardeur moins infatigable dans la voie de sa complète émancipation intellectuelle et morale. Telle est la loi du progrès véritable : elle oblige la société à conquérir un à un les éléments de sa prospérité, et elle l'initie à la même heure à toutes les connaissances voulues pour marcher toujours en avant. C'est sans doute pour cette raison que nous ne voulons plus de ces fictions, de ces légendes qui ont trop longtemps dénaturé l'histoire : nous préférons aujourd'hui cette histoire dans toute sa nudité, car avant tout nous la désirons dans toute sa vérité : nous pouvons alors y puiser des leçons utiles et y recourir chaque fois que l'exige l'intérêt d'un nouveau progrès à accomplir. Aujourd'hui, avec sa philosophie, l'histoire est et doit être positive comme le siècle.

Ces réflexions nous sont inspirées par la matière que nous allons traiter et par la conclusion qui termine notre travail. Avant de formuler une proposition au profit de la Loire maritime, nous avons étudié les diverses phases de son existence : ce qui a été pratiqué autrefois nous a appris ce qu'il convient de faire aujourd'hui.

Dans cette note, nous nous étendons sur les nombreux efforts qui ont été tentés depuis plus de deux cents ans en vue d'améliorer la Loire ; nous exposons les moyens dont on s'est servi pour en arrêter l'ensablement ; nous montrons l'insuccès des tentatives faites et l'insuffisance des moyens employés ; et fort de l'expérience acquise par deux siècles de luttes stériles, et puisant dans notre récit même la leçon que nous demandons au passé, nous terminons par la conclusion écrite dans l'histoire avant d'être formulée par nous, en adoptant en principe le projet de canal de Nantes à la mer.

Cette question d'un canal, nous la dégageons de toute préoccupation politique, de toute discussion scientifique, de tout ce qui s'adresse plutôt à la passion qu'à la raison. Le bon sens, la réflexion et l'étude guidés, soutenus et éclairés par l'histoire, ont formé notre opinion.

Afin que cette opinion, en dehors des raisons qui précèdent, ne puisse être taxée de partialité, à quelque point de vue qu'on l'envisage, nous nous empressons de déclarer ici que nous ne sommes intéressé à la question, ni de près, ni de loin, ni directement, ni indirectement. Nous ne sommes point de ce département, nous n'appartenons ni à la marine, ni au commerce, ni à l'industrie ; nous ne possédons aucun immeuble dans ce pays ; d'où il suit que l'intérêt personnel ne peut être invoqué contre nous. Il en est de même de l'esprit de parti, de la passion de coterie : en effet, nous ne connaissons, ni directement ni indirectement, l'auteur d'un projet de canal sur la rive droite, ni celui d'un projet de canal sur la rive gauche, ni même aucune des personnes qui, à quelque titre ou pour quelque raison que ce soit, défendent ou combattent l'un ou l'autre projet. Notre opinion est donc toute personnelle; et si elle a un mérite, c'est celui d'être parfaitement indépendante et de s'appuyer exclusivement sur des données historiques. En aucun cas on ne saurait donc nous adresser ce reproche : « Il combat *pro domo suâ.* » Nous nous sommes associé au gigantesque projet du canal maritime de Suez et nous suivons avec intérêt les diverses phases de son exécution, parce que nous sommes convaincu que la civilisation et l'humanité doivent en recevoir une grande et salutaire impulsion. Nous nous associons au projet plus modeste d'un canal de Nantes à la mer, parce que nous sommes convaincu que cette voie nouvelle est indispensable à la navigation et qu'elle contribuera puissamment à développer une plus grande activité commerciale ; cette voie réunirait en effet toutes les conditions voulues pour assurer à jamais la prospérité de Nantes, aussi bien que la prospérité de tout le pays qui nous environne. En un mot, l'intérêt général, voilà le mobile que nous fait agir et qui, nous osons l'espérer, nous fera pardonner notre opinion par cux qui ne la partageront pas.

1er octobre 1862.

LA LOIRE MARITIME

ET

LE SANITAT.

Nantes a grandi par son commerce; et c'est à la Loire que ce commerce a toujours dû et son développement et son activité. Le fleuve, en effet, a constamment exercé une grande influence sur les destinées de la ville : aussi la ville a-t-elle dû veiller sans cesse à ce que la navigation du fleuve ne fût jamais interrompue. La prospérité de Nantes est donc étroitement liée à celle de la Loire : on en était convaincu autrefois tout autant qu'on en est convaincu aujourd'hui.

La Loire cependant ne répond plus, depuis des siècles, à toutes les exigences de la navigation, à tous les besoins du commerce. Aujourd'hui, on est réduit à se dire que cette route n'a même plus qu'une existence précaire et presque limitée. Quelles sont les causes qui ont amené de tels résultats? C'est ce que nous ne pouvons rechercher ici ; ces causes, d'ailleurs, sont nombreuses : les unes sont naturelles, les autres accidentelles. La matière dont nous avons à nous occuper ne nous amènera à parler que de celles qui proviennent du lestage et du délestage des navires.

A une époque où il n'existait peut-être pas encore de règlement sur la navigation de la Loire maritime, ou que la police de cette partie du fleuve ne se faisait que d'une manière imparfaite, les navires se lestaient ou se délestaient dans les premiers endroits venus, et probablement dans les lieux qu'ils fréquentaient le plus. Ceux qui les commandaient ne se préoccupaient point du préjudice grave qu'un tel abus devait causer un jour à l'intérêt général, auquel, à défaut de surveillance, ils substituaient sans crainte ni péril leur commodité personnelle. Ces masses de lests, accumulées sur un même point pendant une suite de plusieurs siècles, comblaient insensiblement des mouillages où ces navires trouvaient un abri sûr, ou bien formaient dans le lit même du fleuve des barres qui s'opposaient peu à peu au libre cours des eaux et à la descente des sables entraînés par elles, et menaçaient enfin d'intercepter le passage aux vaisseaux.

Telle est la cause principale, même déterminante, à laquelle on attribuait anciennement les progrès de l'ensablement de la Loire. Il ne nous appartient pas de dire, ni moins encore de démontrer, si cette théorie est vraie ou fausse, si elle est ou n'est pas conforme à celle de la science moderne : en divulguant des faits anciens et inconnus jusqu'ici, en faisant connaître les appréciations des hommes d'autrefois, nous constatons seulement que cette théorie a été admise pendant des siècles par le gouvernement.

Voilà le mal existant donc déjà depuis bien longtemps : voici le remède qui fut d'abord employé, puis continué, et qui, pensait on, devait, sinon le faire disparaître, au moins en empêcher les progrès.

Le gouverneur de la province de Bretagne ou celui du

comté nantais avait créé, à une époque dont la date précise nous est inconnue, une charge de visiteur lesteur et délesteur des vaisseaux et navires qui remontaient ou descendaient la Loire. Dans l'origine, cette création était sans doute limitée au seul port de Nantes ; plus tard elle s'étendit à Paimbœuf, Couëron et le Pellerin. Un réglement fut dressé, et le titulaire de la charge ou commissaire se trouva investi des pouvoirs nécessaires pour en assurer l'exécution. Les endroits où les lests devaient être pris ou déposés furent désignés. Le commissaire devait fournir à ses frais le nombre d'hommes et de bateaux prescrit pour opérer le lestage et le délestage, et pour veiller à ce que les lests ne fussent point jetés dans le lit du fleuve. Cette surveillance surtout était d'autant plus importante que l'on fondait sur elle l'amélioration qu'on se proposait d'obtenir en faveur du commerce. Il lui était attribué, outre certains priviléges fort recherchés à une époque où l'inégalité civile était pour ainsi dire un dogme social, une rétribution fixe par tonneau de lest, payable par les maîtres de navires. Cette charge était une simple commission que nous verrons plus tard érigée en titre d'office.

On conçoit que le remède n'était pas proportionné au mal, et que dès lors l'abus qu'il était appelé à combattre pouvait se reproduire comme par le passé. Néanmoins, ces fonctions furent reconnues, alors et même longtemps après, comme étant « très nécessaires pour le bien du » commerce et de la navigation de la rivière de Nantes, » ainsi que le constate un arrêt du conseil d'Etat du roi du **16 mai 1693**. Aussi, en raison de cette utilité, « il était » important, dit cet arrêt, que ceux qui en étaient pourvus » apportassent beaucoup de soins et de vigilance pour

» empêcher que les marchands et les maîtres de navires
» jetassent les lests de leurs vaisseaux dans la rivière,
» dont l'amas ferait obstacle aux passages des bateaux. »
« Ces fonctions, au dire du même arrêt, furent tou-
» jours faites par commission des gouverneurs de la pro-
» vince de Bretagne et des lieutenants-généraux du comté
» nantais qui s'étaient attribué le droit de présenter à
» ladite charge. » C'est dans ces conditions que le cardinal de Richelieu en avait pourvu un sieur Gorge, et que le maréchal de la Meilleraye y commit ensuite un autre, lequel était en exercice à la date où nous arrivons dans cette note.

Malgré la police exercée par ces commissaires, ou plutôt par les gens qu'ils prenaient à leur service, les obstacles grandirent en raison directe du développement considérable du commerce d'alors, et s'étendirent non seulement au fleuve, mais même aux mouillages situés à son embouchure. C'est ainsi que les rades de Bonne-Anse et de Saint-Nazaire d'abord, et celle de Mindin ensuite, n'offrirent bientôt plus un abri aussi sûr qu'autrefois aux nombreux vaisseaux qui se livraient particulièrement au commerce du sel dans les parages de Guérande. L'établissement et le fonctionnement des comptoirs hollandais donnaient à cette époque une plus grande activité au commerce nantais ; mais déjà leurs gros navires éprouvaient des difficultés à parcourir le fleuve. Dans cet état, on dut songer plus sérieusement que jamais aux moyens les plus efficaces pour arrêter les abus existants afin de conjurer de plus grands maux.

Etait-ce le commerce qui s'en occupa ? Etait-ce le gouvernement qui en prit l'initiative ? Les intérêts du commerce étaient gravement atteints; mais le commerce, tout en signalant le danger, ne pouvait autre chose que faire connaître ses inquiétudes. L'Etat, ainsi que nous l'avons vu, veillait à sa façon à la conservation de la Loire. La sollicitude du gouvernement pour le fleuve n'est donc pas née hier, comme plusieurs le pensent encore, même à Nantes.

Il y a plus de deux cents ans, on s'écriait déjà : « Le beau fleuve de Loire, la rivière de Nantes est gastée ; » et, longtemps auparavant, le gouvernement s'était déjà proposé d'en améliorer le cours ou du moins d'en arrêter l'obstruction. Nous avons vu comment il entendait réussir dans cette difficile entreprise. Enfin, un mouvement bien prononcé se produisit alors, même dans l'opinion, bien que l'opinion fût peu de chose à l'époque. Naturellement, les Hollandais s'empressèrent de s'y associer, en admettant qu'ils ne l'eussent pas provoqué précédemment. Qu'en résulta-t-il ? Rien. Il semble, en effet, qu'à cette date, on désespérât déjà de la Loire. Et ce qui le prouverait victorieusement, c'est qu'un ingénieur hollandais qui, en cette occasion, paraît avoir chaudement embrassé les intérêts du commerce, ne trouva rien de mieux à faire que de proposer, pour la grande navigation, de substituer un canal maritime à la Loire. Louis XIV, dont les historiens reconnaissent le grand bon sens, adopta ce projet en principe, ainsi qu'il résulte des termes dont il se servit dans la réponse par lui adressée à ce sujet, le 5 mai 1663, au maréchal de la Meilleraye, alors gouverneur de Nantes. Mais ce projet, on le sait, n'eut pas de suite. Les inquiétudes du commerce se calmèrent ; et tout se réduisit à obliger le commissaire lesteur et délesteur à exercer une surveillance plus active sur les navires qui entraient dans la Loire avec du lest et sur ceux qui prenaient du lest avant d'en sortir.

Soit que ce commissaire mourût peu après ou que sa charge lui fût retirée, la reine-mère, Anne d'Autriche, « pour lors gouvernante et admiralle de la province de Bretagne, » lui donna pour successeur, le 19 octobre 1665, le sieur Pierre Gorge, fils du commissaire nommé précédemment par le cardinal de Richelieu. Ce nouveau titulaire fut, en effet, pourvu de la charge par lettres patentes de S. M., du 15 janvier suivant. Mais il arriva que M. de Maulac, lieutenant général au comté nantais, y commit un sieur de Laborde après le décès de la reine-mère. De là naquit une contestation au conseil, sur laquelle intervint l'arrêt du 18 juin 1668, par lequel les commissions des sieurs Gorge et de Laborde furent révoqués, « sauf à S. M. d'en disposer ainsi qu'Elle le verrait bon être. » Le sieur Gorge, plus heureux que son compétiteur, obtint la charge.

Ici nous sommes amené à parler un peu moins de la Loire et un peu plus de ceux à qui seront désormais confiés les soins de veiller à sa conservation. Les détails qui vont suivre sont sans doute fastidieux, mais enfin on ne peut guère parler toujours des choses sans dire quelques mots des personnes chargées de les régir dans un intérêt commun.

M. Pierre Gorge était conseiller secrétaire du roi, maison et couronne de France et de ses finances, et demeurait à Paris, quai des Augustins, paroisse Saint-André-des-Arts. Il avait un frère, Claude Gorge, chanoine de l'église cathédrale de Nantes, et en cette qualité assez souvent député du chapitre à l'administration de l'Hôtel-Dieu ou à celle du Sanitat (1). Il avait aussi une sœur, Françoise Gorge, épouse de Me Mathurin Hémery, avocat au parlement. Des influences de famille, jointes à celle que pouvait lui donner sa position au Conseil de Sa Majesté, avaient contribué à son maintien dans cette charge. Il est même permis d'admettre que son frère le chanoine y aurait aidé au besoin par son évêque, car on sait qu'à cette époque les évêques se rencontraient plus souvent dans les rues de la capitale que dans les sentiers de leurs diocèses : il est peut-être utile de faire remarquer que ceci se passait dans l'année où Mgr Giles le Blanc de la Baume succéda à Mgr Gabriel de Beauveau au siége épiscopal de Nantes. Quoi qu'il en soit, Me Gorge fut établi en cette charge nouvelle et si peu en rapport avec celle qu'il occupait à Paris, par lettres du grand sceau du 7 août suivant, « avec » pouvoir de commettre en sa place telles personnes » qu'il aviserait. »

Comme on le voit, c'était simplement une sinécure qui tendait à devenir héréditaire et à servir d'apanage à une famille privilégiée. La personne désignée pour en recueillir les profits pouvait, comme les possesseurs de bénéfices ecclésiastiques, résider ailleurs que sur les lieux où leurs obligations semblaient devoir les appeler. Un abus amène d'autres abus : si depuis longtemps la Commende en avait introduit de déplorables au sein

(1) Depuis 1568 jusqu'à la révolution de 89, l'administration exclusive de l'Hôtel-Dieu et en partie celle du Sanitat appartenaient de droit au chapitre de la cathédrale, au présidial et au corps de ville. Ces trois ordres élisaient chacun un de ses membres pour chaque administration et les désignaient sous le nom de *députés* de leur corps.

du clergé, le favoritisme en faisait vivre d'aussi funestes dans l'administration de la chose publique. Tous ces privilégiés se souciaient naturellement fort peu de la manière dont leurs engagements seraient remplis en leur nom par leurs mandataires, ou moins encore par des gens à qui, pour se soustraire à toute coopération, ils affermaient leurs droits, moyennant bonnes finances ; ils se préoccupaient uniquement, non pas précisément de défendre les intérêts qui leur étaient confiés, mais surtout et avant tout de faire rendre aux charges dont ils étaient pourvus, le plus d'argent possible. On conçoit dès-lors que la sollicitude qui s'attachait à la conservation de la Loire comme grande voie maritime ne les touchait que médiocrement ; et sans craindre d'être taxé d'exagération, nous pouvons supposer, et peut-être même admettre, qu'un conseiller du roi, habitant Paris, était pour ainsi dire forcé d'ignorer, à cause de son éloignement et de la lenteur des communications, ce qui se passait à Nantes au sujet des lests que les marins jetaient tous les jours dans le fleuve.

Un sieur Claude Babault fut commis, le 10 septembre suivant, sur la procuration du titulaire, « pour faire en ses lieu et place, les exercice et fonctions de sa charge. »

Le service se faisait alors au moyen de deux bateaux, dont l'un était destiné au port de Nantes. Bientôt ces deux bateaux furent affectés au nouveau port de Paimbœuf. Ce dernier point, situé dans l'île de ce nom, hier encore simple hameau habité par des pêcheurs, était déjà fréquenté par les gros navires et prenait chaque jour, en raison de son importance croissante, une plus grande extension. La profondeur des eaux de sa rade et les progrès de l'ensablement du fleuve sont les deux principales causes auxquelles la ville de Paimbœuf doit sa naissance et son développement.

Les droits et émoluments attribués à la charge avaient leur importance ; et sans parler des premiers, nous dirons seulement que les avantages nets du titulaire s'élevaient à plus de mille livres par an, année moyenne, avec des tendances à s'élever bientôt à une somme plus importante. Si les produits n'étaient pas plus considérables, au moins M. Gorge n'avait d'autre peine que celle de toucher chaque année, sans déplacement, une somme qui, à cette époque, n'était pas à dédaigner.

Ce commissaire exploita ainsi sa charge pendant quatorze ans. Soit que son éloignement des lieux ne lui permît pas de la conserver plus longtemps, soit qu'il s'aperçût que, par suite des plaintes portées contre son agent, il y avait déjà des tendances à l'ériger en titre d'office, soit pour tout autre motif, il en fit don au Sanitat ou hospice général de Nantes, sauf le bon plaisir de S. M., par acte passé « devant les notaires garde-» notes du roi au Châtelet, à Paris, le 28 mars 1680, » portant donation irrévocable entre vifs et à titre de » fondation. » Selon nous, ce n'était pas une donation, mais une simple cession de droits éventuels : pour donner, il faut posséder. Cette cession était même faite à un titre d'autant plus onéreux, comme nous allons le voir, que les droits qui en faisaient l'objet n'étaient nullement acquis au cédant, la commission étant de sa nature une charge essentiellement précaire et révocable. Les conditions principales étaient : 1° de faire à M. Gorge l'abandon et la remise, sa vie durant, de la moitié des produits bruts ; 2° de bailler et payer chacun an aux R. P. Jésuites de Nantes la somme de 150 liv.; 3° de bailler à son frère et à son beau-frère un emplacement dans la tenue du Sanitat pour bâtir une maison et créer un jardin à leurs frais, avec jouissance leur vie durant seulement ; 4° de faire dire à son intention, après son décès, un service annuel d'une messe solennelle dans la chapelle de l'hospice ; 5° après son décès, sa moitié retournerait audit hospice, mais la somme à payer aux R. P. serait alors doublée et portée à 300 liv. par an. On voit qu'une cession faite et acceptée dans de telles conditions ne pouvait être avantageuse qu'au cédant. L'administration du Sanitat le vit bien ; aussi arrêta-t-elle de n'accepter ce don qu'à condition de ne partager les profits avec aucune autre personne. Elle pria deux de ses membres, MM. de la Céraye et de la Pointevinière Guyot, de faire un mémoire « des raisons empeschantes ladite acceptation. » La conclusion de l'affaire se fit attendre, aucune des parties ne voulant faire de concession à l'autre. Enfin l'administration, dans l'espoir d'obtenir le résultat qu'elle désirait, prit la résolution de députer l'un de ses membres vers M. Gorge.

Elle donna, le 1er avril de l'année suivante, des pouvoirs en conséquence à « noble homme Claude Lory, bourgeois de Nantes, aussi directeur des pauvres du même hospice, estant de présent à Paris, logé rue Dauphine, à l'hostel de Genlis ; » M. Lory obtint seulement « qu'il ne serait payé aucune chose aux R. P. Jésuites pendant les années qu'il ne se trouverait point de profit aux émoluments de ladite charge. » Un acte additionnel au premier fut signé par les parties et le Sanitat accepta définitivement les autres conditions de ce don singulier. Après le retour de M. Lory à Nantes, l'acte fut publié par le présidial le 7 mai, et la prise de possession « des

» choses appartenant à la charge à Paimbœuf, ou en » dépendant » eut lieu le 18 août par le ministère d'un notaire de Nantes et « de Me Pierre Pitard, notaire en la chastellanie de la Guerche, en Saint-Père-en-Rais. » La gestion du Sanitat partait du 1er janvier 1681. (1)

Il est facile à comprendre que la position du Sanitat était ici une position fausse : M. Gorge ne cessait pas, en effet, d'être le titulaire officiel, puisque seul il était en possession de ses lettres de provisions, lettres qu'il ne pouvait transmettre à un tiers. Le Sanitat fit bien des démarches pour sortir de cette impasse : malheureusement, pour ses intérêts, elles restèrent infructeuses. Le gouvernement, assailli par des plaintes sans cesse renouvelées, ne voulut pas engager l'avenir en aliénant sa liberté d'agir en temps opportun ; car autre chose était de donner cette charge à un simple particulier, autre chose d'en favoriser un établissement charitable : il aurait répugné au gouvernement d'en dépouiller plus tard ce dernier.

(1) Dans ce temps-là, les hôpitaux de Nantes possédaient divers autres revenus dont la Loire était la source. Les principaux étaient des pêcheries à Pirmil, appartenant à l'Hôtel-Dieu, et alors affermées à un sieur Hubert. Ces pêcheries rapportaient peu de chose à l'époque : ainsi, en 1700, elles furent affermées à Leroy pour 15 livres par an ; mais en 1717 les époux Fleury y mirent 312 livres par an. En 1718, l'Hôtel-Dieu acheta les pêcheries de M. Mabille pour 1,200 livres ; en 1719, il acheta un tiers de celles ci-devant possédées par Mme Duplessix-Pâris; en 1720, il prit possession du droit de pêcheries acquis du comte de Bauchet. Par suite de ces achats, la veuve Fleury renouvela son bail en 1720, moyennant 488 livres 10 sous par an, prix qui fut porté à 500 livres lorsqu'elle renouvela son bail en 1736. Outre ces pêcheries, l'Hôtel-Dieu possédait aussi huit échelles d'eau, de Pierre-Auge à Pierre-Ingrande. Une échelle d'eau était composée d'une seine, deux barges, deux hommes par barge et quatre hommes par seine. (Arrêts du conseil des 9 février 1743 et 28 mars 1744.) Toutes ces propriétés d'un autre genre donnaient sans cesse lieu à des contestations et à des procès souvent longs et dispendieux.

BIBLIOTHÈQUE IMPÉRIALE IMPR.

Le Sanitat continua le service de la même manière que le fondé de pouvoirs de M. Gorge. Il y employa les deux bateaux dont nous avons parlé et qu'il acheta de ce dernier, tout en s'obligeant d'en acheter un troisième, à frais communs, si les besoins du service venaient à l'exiger plus tard. Il confia ses pouvoirs à des personnes de son choix, et demeura responsable, vis-à vis de son cessionnaire, de la gestion des affaires. Pendant les premières années, cette charge fut, pour les administrateurs, la cause de bien des tribulations sans être pour l'hôpital la source d'un revenu considérable : beaucoup d'embarras pour un mince profit, une gestion pénible, hérissée de difficultés, une grande responsabilité acceptée, tel était l'héritage temporaire recueilli par le Sanitat. Un commissaire ordinaire, par une active surveillance, par une application rigoureuse des réglements de police, aurait sans doute pu améliorer cette situation au point de vue financier ; mais, dans l'état, aurait-il pu se flatter de jouir longtemps des avantages qu'il n'aurait pu créer qu'au prix de nouveaux sacrifices ? Evidemment non : l'avenir ici ne lui appartenait point, et la prudence lui interdisait dès lors de s'imposer des sacrifices dont les fruits ne lui seraient point assurés. Ce qu'un commissaire ordinaire ne pouvait faire, le Sanitat le pouvait encore moins ; et ne devait même pas le tenter sans compromettre les intérêts de ses pauvres. Ces considérations d'ailleurs n'ont ici qu'une importance secondaire ; elles disparaissent devant la question d'intérêt général, dont l'objet était l'amélioration du cours du fleuve. Examinons un instant ce que l'on était en droit d'attendre du Sanitat au sujet de cette amélioration.

Le Sanitat, par les raisons que nous avons énumérées, devait rencontrer plus d'obstacles qu'un commissaire ordinaire pour mener à bonne fin une entreprise entourée déjà de bien des difficultés. Nous avons vu plus haut que sa position vis-à-vis du gouvernement n'était point régulière, circonstance qui, au lieu d'être de nature à exciter son zèle, lui commandait au contraire de n'agir qu'avec une extrême réserve.

D'un autre côté, et par suite de la non-résidence sur les lieux des précédents commissaires, de graves abus s'étaient introduits dans la gestion de la charge; et les abus faciles à abolir à leur naissance, sont difficiles à déraciner dès qu'ils ont pris le caractère d'un usage local. Nous en citerons deux, parce qu'ils nous ont paru vraiment déplorables. Des navires, pour tirer profit du temps en n'attendant pas les bateaux lesteurs occupés ailleurs, ou pour d'autres motifs, achetaient des agents des commissaires la faculté de se lester ou de se délester à leur guise, au premier endroit venu, moyennant l'acquittement préalable des droits à leur charge; souvent même ils achetaient cette faculté en leur payant le double des droits réglementaires. D'autres navires, pour se soustraire aux droits, lestaient ou délestaient clandestinement sur des points interdits, et cela quelque fois le jour et plus souvent la nuit. La nuit, et malgré la surveillance dont ils étaient l'objet, ils procédaient impunément au délestage, au moyen d'une longue poche ouverte aux deux extrémités; l'extrémité supérieure, fixée à un sabord ouvert, recevait le lest qui, en glissant dans la toile, tombait sans bruit dans la rivière par l'extrémité inférieure, laquelle plongeait dans l'eau. La contravention des premiers autorisait celle des seconds, et la complicité des agents atténuait la culpabilité des maîtres marins. Ces abus, pratiqués par tant de gens n'étaient un secret pour personne; de là leur force, parce qu'ils étaient passés à l'état d'usage. Pour les combattre, il eût fallu procéder à une réforme radicale dans la manière de gérer la charge; mais le Sanitat ne pouvait guère, à cause du mode même de son administration, recourir à une mesure dont la première garantie de succès était la persévérance dans l'exécution. C'est ce qu'il est utile de faire voir, afin que les accusations portées contre lui, sans relâche, pendant les années suivantes, ne puissent point être accréditées de nos jours; et qu'il ne soit pas tenu d'être responsable, comme on l'a prétendu au commencement du siècle suivant, des progrès de l'ensablement du grand fleuve.

Quand on veut faire un rapprochement entre cette époque et la nôtre, au point de vue de l'administration des établissements charitables, la comparaison n'est pas possible; la Révolution, avec la loi du 16 vendémiaire an V, a remplacé l'arbitraire par le droit, et la capricieuse diversité des réglements locaux par un régime uniforme; et depuis cette époque, la législation charitable en se perfectionnant d'après l'expérience acquise, a fait de l'administration des hospices l'une des branches les plus intéressantes de l'administration publique. Autrefois à Nantes, l'Hôtel-Dieu et le Sanitat avaient chacun son administration particulière et complétement indépendante l'une de l'autre; aujourd'hui, et depuis l'an V, ils sont soumis à une seule. Autrefois, les deux premières se renouvelaient en entier tous les ans; jusqu'en 1760, celle du Sanitat se renouvelait même tous les six mois, à la Saint-

Jean et à Noël ; aujourd'hui, la même commission peut demeurer en fonctions pendant plusieurs années consécutives : autrefois, c'était donc l'état provisoire constitué à l'état de permanence ; aujourd'hui, c'est une organisation mixte qui réunit les avantages et exclut les inconvénients d'une organisation soit provisoire, soit permanente (1). Autrefois donc, quand l'une de ces deux administrations prenait une mesure quelconque on entamait une affaire dont la solution demandait des délais, elle était obligée de laisser à celle qui devait lui succéder bientôt le soin d'appliquer la première et de résoudre

---

(1) Voici comment étaient composées anciennement ces deux administrations indépendantes l'une de l'autre:

Les trois députés composant celle de l'Hôtel-Dieu étaient choisis ou élus, le premier par le chapitre de la cathédrale, le second par le présidial et le troisième par le corps de ville. Pendant qu'ils étaient en charge ils prenaient officiellement la qualité de Pères et Gouverneurs des pauvres. Les lettres-patentes données à cet hospice par le roi Charles IX, le 7 janvier 1569, avaient sinon créé, du moins confirmé ce mode d'administration, ainsi que ces titres et ces qualités. Un arrêt du Conseil, du 30 mars 1726, augmenta cette commission de trois nouveaux membres dont le choix et la nomination appartenaient aux trois premiers.

Le Sanitat, qui depuis 1572 avait remplacé, sous le nom de Hôpital ou Maison-Dieu de la Santé, l'hôpital des pestiférés de Saint-Ladre, situé sur les pavés, était administré par une commission plus nombreuse que la précédente, et dont les membres choisis indistinctement dans les mêmes ordres et dans d'autres corps, prenaient d'abord le titre de Gouverneurs des pauvres renfermés, et ensuite celui de Directeurs des pauvres ou Administrateurs de l'Hôpital.

En février 1760, il obtint de Louis XV des lettres-patentes ; et depuis lors jusqu'à la révolution, il fut gouverné « par un bureau de six directeurs-nés, chefs » de l'administration, élus par leurs corps, et de huit membres élus, nommés par » le bureau et choisis, pour demeurer en fonctions l'espace de quatre années con- » sécutives, parmi les notables bourgeois et habitants de la ville et faubourgs de Nantes. »

L'évêque était le président-né de ces deux administrations, au sein desquelles le clergé exerça toujours une très grande influence. Cette influence était exclusive dans celle du Sanitat, le clergé s'y trouvant toujours en grande majorité.

la seconde. L'unité de direction, la continuité d'une impulsion uniforme était donc impossible dans une administration sans cesse renouvelée. Composée alors comme depuis, comme maintenant, de personnes éclairées, éminemment charitables, aussi recommandables par leur amour du bien que par leur position sociale, elle était, malgré l'esprit qui l'animait, fatalement condamnée à recourir aux demi-remèdes, comme à voir son action suspendue dans les moments mêmes où les intérêts de l'établissement en exigeaient la continuation. Il n'était donc pas possible, il n'était même pas juste de demander au Sanitat la destruction complète des abus créés par d'autres.

Le seul reproche qu'on pût lui adresser, c'était d'avoir accepté un bienfait qui, en réalité, n'était qu'un embarras et une source de déceptions ; un tel reproche eût encore été honorable, car en traitant avec M. Gorge, l'administration de l'hospice n'avait eu en vue qu'une augmentation prochaine des ressources trop restreintes dont elle disposait pour subvenir à tous les besoins de ses pauvres administrés.

Néanmoins, il géra la charge mieux que les commissaires non résidents ; et s'il n'obtint pas de meilleurs résultats, quant à l'amélioration du cours de la Loire, c'est que le mal existant était déjà trop grand, et que l'ensablement était arrivé à un point tel que les seuls moyens employés étaient réellement trop dérisoires, même pour en empêcher les progrès.

La charge était, du reste, à la veille de changer de caractère. Louis XIII avait rendu, en 1640, un édit portant création de juges d'amirauté en Bretagne ; par des considérations particulières, cet édit n'eut point d'exécution. Mais en juin 1691, parut celui de Louis XIV, lequel créa enfin sept siéges dans cette province, dont un à Nantes. Le siége d'amirauté établi dans cette ville fut composé d'un conseiller lieutenant général civil et criminel, un conseiller lieutenant particulier, assesseur civil et criminel, quatre conseillers ordinaires, un procureur, un avocat, un greffier, trois interprètes, deux huissiers, dont l'un audiencier, l'autre visiteur et délesteur, et deux sergents.

Cette composition est significative ; en effet, jusqu'ici la gestion matérielle du commissaire échappait, pour ainsi dire, au contrôle des agents du gouvernement et à la surveillance journalière de l'autorité. Le contraire va avoir lieu désormais. Qu'en résultera-t-il pour le Sanitat ? Un surcroît de dépenses pour perfectionner et augmenter son matériel, et un plus grand embarras pour se maintenir constamment en règle vis-à-vis de ses surveillants dont il aurait à satisfaire les exigences. Le visiteur et délesteur préposé par le gouvernement, et les deux sergents qui lui étaient adjoints avaient, en effet, pour mission spéciale de tenir la main à l'exécution rigoureuse des règlements en vigueur sur les faits du lestage et du délestage des navires. Comme on le voit, la partie était belle pour ces derniers ; et probablement ils ne ménagèrent pas le Sanitat qu'ils ne durent considérer que comme le simple mandataire de M. Gorge. A cette impasse, il fallait une issue qui était dans l'ordre des choses et qu'il fut facile de trouver dans un très bref délai.

Un arrêt du Conseil, rendu le 10 septembre 1692, ordonna « que dans quinzaine du jour de sa signification,
» le sieur Gorge apporterait par devant le sieur Becha-

» mel de Nointel, conseiller au Conseil du roi, maître » des requestes ordinaires de son hostel, intendant » de justice, police et finances en la province de » Bretagne, les titres en vertu desquels il jouissait » de la charge de visiteur lesteur et délesteur des » vaisseaux, etc. »

Les titres furent produits ; M. de Nointel donna son avis ; et sur le rapport de M. de Pontchartrain, intervint l'arrêt du 16 mai 1693, daté de Versailles.

Dans ses motifs, cet arrêt, s'appuyant sur l'avis de l'intendant, dit : « Il (M. de Nointel) estime que la » commission dudit sieur Gorge doit estre révoquée, et » ladite charge érigée en titre d'office ainsi que sont tou- » tes les autres dans ladite province de Bretagne et » en pourvoir une personne capable, d'autant que cette » simple commission sans finances qui par conséquent » peut estre révoquée... un titulaire veillera avec plus » de soin qu'un simple commissionnaire à l'exécution » des réglements faits pour les lestage et délestage » dont l'inexécution a interrompu la navigation de la » rivière de Nantes. »

Le contrôleur général des finances, M. de Pontchartrain, fit un rapport conforme, et le roi (même arrêt) « a révoqué et révoque la commission dudit sieur Gor- » ge... et ordonne qu'il sera incessamment étably un » officier en titre pour en faire les fonctions suivant les » ordonnances et réglements rendus sur les faits du » lestage et délestage. » Cet édit fut vérifié en Cour de Parlement le 25 du même mois.

Voilà le Sanitat sorti de sa fausse position.

En vue d'un légitime bénéfice dans l'avenir, il sollicita et obtint du contrôleur général la faculté de se porter adjudicataire du nouvel office. Après les formalités d'usage, et en exécution de l'ordonnance de M. de Nointel, du 15 août, dit an, l'adjudication en fut faite par devant lui, à Rennes, le 24 octobre suivant, et prononcée au profit du Sanitat, représenté par M. André Mortier, sieur de Romainville, l'un de ses directeurs et administrateurs, moyennant la somme de douze mille livres, payable comptant au trésor royal.

Nous ne ferons point ressortir la différence qui existe essentiellement entre une simple commission et un office sérieux ; elle est facile à saisir, et l'on peut espérer que le Sanitat saura tirer désormais meilleur parti du titre qu'il achète aujourd'hui.

Il est utile de faire connaître les principales conditions qu'il aura à sa charge et celles qui lui permettront d'obtenir une juste rémunération. L'arrêt du conseil du 20 décembre 1694, signé Colbert, rendu à Versailles, qui lui confère son titre régulier et héréditaire, nous les fournit. Jusqu'ici, du reste, le manque de documents suffisants nous a empêché de nous étendre quelque peu sur ce point intéressant.

Outre l'acquit du prix ci-dessus mentionné, le Sanitat était tenu : « D'avoir deux commis à Paimbœuf (1) pour » exercer ladite charge et veiller à ce que le lest soit » fidèlement porté à terre ; lesquels donneront des bil- » lets de congé à ceux qui auraient lesté ou délesté ; » d'entretenir trois basteaux dans chacun desquels il » mettrait un matelot pour veiller à ce que les basteaux

(1) Depuis l'année précédente, 1693, le contrôleur général, M. de Pontchartrain, avait formé le projet d'établir à Paimbœuf un hôpital pour les matelots malades.

» soient toujours en estat de servir, dans lesquels les « équipages de chaque navire déchargeront leur lest pour » les conduire à terre, ou le chargeront à terre pour » les conduire et charger ensuite dans leur bord; de » fournir les hottiers nécessaires pour porter des bas- » teaux à terre et hors des navires le lest qui aura esté » déchargé des navires dans les basteaux, et pour porter » de terre dans les basteaux le lest qui sera nécessaire » pour lester les navires qui en auront besoin. D'avoir » un commis à Nantes et un autre au Pellerin ou à » Couëron, pour veiller à la conservation de la rivière et » empescher qu'il n'y soit jetté aucun lest, ou à donner » un billet de congé. Moyennant quoy ledit adjudicataire » et son ayant cause jouiront héréditairement et à » perpétuité de tous les droits attribués audit office, » consistant, savoir: En vingt sols par chaque vaisseau » du port de vingt tonneaux et au dessus qui voudraient » lester ou délester; en dix sols pour ceux de neuf » tonneaux jusqu'à dix-neuf; et en cinq sols pour ceux » au-dessous de neuf tonneaux; plus en douze sols par » tonneau de lest qui est porté à terre, ou dans le » vaisseau; et de huit sols pour chaque tonneau lorsque » le lest sera aporté par les basteaux du délesteur d'un » vaisseau à l'autre; le tout ainsy qu'il est accoustumé » et conformément aux ordonnances et réglements ren- » dus. » Les priviléges attachés à l'ancienne commission furent en entier attribués au nouvel office.

Le Sanitat, en payant le prix de son adjudication aux mains du trésorier des casuels, le 28 juin 1795, « donna un homme au roi » pour le représenter dans cet office; il fit choix du même M. Mortier, lequel fut agréé par S. M. par lettres du grands ceau du 17 juillet dit an, enregistrées le 11 août suivant, au greffe du siége royal de l'amirauté de Nantes.

Nous n'entrerons point dans les détails de la nouvelle gestion du Sanitat. Une fois ses finances intéressées, il sut bien s'y prendre de façon à retirer du capital engagé un revenu important. Il ne faut pas croire que les plaintes cessèrent, ni que les difficultés fussent toutes applanies. Soit qu'il déployât une activité réelle pour mieux satisfaire « les envieux et les jaloux qui, d'après son » dire, lui suscitaient des embarras, » soit qu'il exerçât une surveillance constante pour mieux remplir ses engagements ou pour se rendre enfin plus favorables les agents du gouvernement, toujours est-il qu'aucun incident fâcheux ne vint l'entraver dans la possession réelle d'un office dûment acquis. Au bout d'un certain temps, il afferma même ses droits dans des conditions assez avantageuses ; savoir : ceux attribués à Paimbœuf moyennant 2,800 liv., et ceux afférant à la Loire, de Nantes à Couëron et le Pellerin, moyennant 700 liv. ; ces derniers furent affermés pendant dix-huit ans à Michelle Forget, veuve de François Bidaud, demeurant sur la Fosse, à Nantes. Le prix de ces fermages varia beaucoup selon l'époque de la passation des actes : il s'élevait en temps de paix, en raison de l'activité que prenait le commerce ; et il diminuait en temps de guerre, à cause de la stagnation des affaires.

Nous arrivons ainsi à la fin du dix septième siècle. Le commencement du dix-huitième se signala par un procès que nous allons mentionner, et que le Sanitat eût à soutenir contre un haut personnage.

A Paimbœuf, les terrains propres aux constructions se couvraient de bâtiments. Celui sur lequel s'opéraient les lestages et les délestages dépendaient des métairies du Bois-Gautier et Petit-Paimbœuf. Or, ces métairies appartenaient à « très-haute et très-puissante dame » Mme Paule-Françoise-Marguerite de Gondy, duchesse » douairière de Lesdiguières et de Rais, veuve de très-» haut et très-puissant seigneur messire François-Em-» manuël de Bonne de Créquy, duc de Lesdiguières, » gouverneur et lieutenant général pour le roy en la » province de Dauphiné. »

Divers habitants arrentèrent ce terrain de madame la duchesse et s'empressèrent ensuite d'y bâtir des maisons. Les administrateurs de l'hôpital firent signifier à ces habitants qu'ils eussent à cesser leurs travaux ; puis, M. l'abbé Barrin, l'un d'eux, écrivit à la duchesse pour se plaindre au nom des pauvres. Celle-ci lui fit la réponse suivante :

« A Paris, ce 30 juin 1702.

« Ayant esté un peu malade, je n'ay pu, Monsieur, répondre plus tôt à la lettre que vous m'avez fait la grâce de m'escrire du 17 de ce mois. Lorsque vous vous plaignez pour les pauvres que j'ay fait un arrentement à Paimbœuf de l'endroit où l'on mettait les délestages des vaisseaux et que vous dites qu'il ne se peut mettre ailleurs, vous voulez bien que je vous dise que cela m'a extrêmement surprise de voir que vous trouvez étrange que je dispose d'une chose qui est à moy, et que dire que dans toute la coste de Paimbœuf il n'y a aucun endroit pour y mettre les lestes, c'est ce qui n'est pas convenable. Je donneray une autre place et ainsy il n'y aura rien à redire, et je suis persuadée, Monsieur, que vous ne savez pas comme le lieu est fait et que l'on vous a fait entendre la chose tout d'une autre manière qu'elle n'est. Enfin, il y a sur la coste, des lieux très-propres à mettre le lestage, et l'on ne peut m'oster la liberté de jouir et de disposer de celui dont il s'agit. J'espère, Monsieur, quand vous serez informé au vray de la chose, vous trouverez que j'ay raison. Je suis ravie de cette occasion qui me procure celle de vous assurer que personne au monde n'est plus véritablement vostre très-humble servante.

» De Gondy,

» Duchesse douairière de Lesdiguières. »

Cette affaire traîna un peu en longueur. On écrivit à M. de Pontchartrain, on prit des informations à Rennes auprès de l'intendant, on consulta un peu tout le monde avant de prendre le parti d'accepter l'offre faite par la duchesse. Elle se termina enfin par une transaction devant les notaires royaux de la Cour de Nantes, en date du 19 mars 1704, aux termes de laquelle « Me Jan » Gallot, procureur fiscal du dusché de Rais à Machecoul, et receveur général dudit dusché, se faisant et » portant fort pour ladite dame duchesse de Lesdiguières, suivant les ordres qu'il en a eu d'elle, accorda » aux sieurs directeurs des pauvres dudit hospital de » Nantes le lieu et pastureau du préau dépendant des » mestairies du Bois-Gautier et Petit-Paimbœuf, contenant avec ses hayes et fossés tout autour environ de » huit boixellées. »

Ces derniers se désistèrent de leur côté des opposition et demande formées par eux contre les arrentataires, de sorte que ceux-ci purent achever leurs constructions sans nouvelle encombre. Madame de Lesdiguières ratifia en effet cette transaction, par acte passé le 11 avril suivant, devant les conseillers du roi, notaires au Châtelet de Paris.

Sauf ce procès de peu d'importance, le Sanitat n'éprouva aucune difficulté sérieuse jusqu'en 1719. Dans l'intervalle survint, en 1713, le décès de M. Mortier. L'Hôpital, assimilé aux gens de main-morte, fut tenu de lui donner un successeur ; il choisit messire Claude de Monty, chevalier seigneur de Rezé, demeurant à Nantes, rue des Saintes-Claires, paroisse Saint-Vincent, auquel il remit sa procuration *ad resignendum* le 13 juin, dit an, jour de la passation de l'acte notarié réglant leur position respective. M. de Monty, comme avant lui M. Mortier, avait la jouissance seulement des droits honorifiques, prééminences, prérogatives, priviléges et exemptions dus et attribués à l'office en vertu de l'édit de création. Par compensation, il devait contribuer pour une somme de 200 livres aux frais nécessités pour l'obtention des nouvelles provisions.

S. M. agréa M. de Monty en ladite qualité. Le service se fit comme par le passé, et on arriva ainsi jusque vers le milieu de 1719.

Le reste de cette année fut fécond en incidents qui devaient servir de préludes à une enquête dont nous parlerons bientôt.

S. A. S. Mgr A. de Bourbon, comte de Toulouse, amiral de France, était alors gouverneur de la province. Assailli par les plaintes du commerce et par celles des juges consuls de Nantes, lesquelles plaintes étaient autant d'articulations contre la gestion du Sanitat, le duc voulut savoir si ces plaintes étaient fondées et si par conséquent les progrès de l'ensablement de la Loire étaient dus à l'incurie et à la négligence des fermiers des droits, et par suite au manque de surveillance de la part de l'Hôpital. Celui-ci avait contre lui, outre le commerce et les juges consuls, les officiers de l'amirauté et ceux de la marine.

Le bruit ne tarda pas à courir que S. A. avait l'intention de déposséder le Sanitat de son office et de créer des maîtres de port à Nantes, à Paimbœuf et au Pellerin. Les administrateurs alarmés en écrivirent à M. de Valincour, alors secrétaire général de la marine, lequel leur répondit, en juillet, que S. A. n'avait d'autre dessein que celui de remédier aux abus ; ils prirent cependant certaines précautions afin d'être en état de faire face à l'orage qu'ils voyaient se former déjà contre eux ; aussi dans leur séance du 31 du même mois, arrêtèrent-ils de remettre les titres de l'office aux mains de M. l'abbé de la Vieuxville, l'un d'eux, avec prière de les communiquer partout où besoin serait, et de s'assurer le concours de personnes puissantes, notamment celui de Monseigneur de La Vergne de Tressant, alors évêque de Nantes.

Leurs adversaires, de leur côté, tiraient profit du temps. M. de Valincour demanda que les ordonnances de marine récemment rendues fussent exécutées par les fermiers des droits qui semblaient n'en tenir aucun compte, et le 21 octobre suivant le siége de l'amirauté rendit, sur les conclusions conformes du procureur du roi, un jugement dans ce sens, lequel jugement devait être exécuté en tous ses chefs et articles par provision, nonobstant opposition ou appellation quelconque. Ce jugement atteignait surtout le sieur Neveu, fermier des droits à Paimbœuf.

Vers le même temps, S. A. fit adresser un mémoire

aux administrateurs pour leur exposer que tout le mal venait de l'inexécution, par les fermiers, des réglements concernant le lestage et le délestage, et que le moyen d'y rémédier était peut-être de supprimer l'office, et d'établir des commis et des maîtres de quais et de ports dépendant de la marine et fonctionnant sous la surveillance et la direction de l'autorité. Les administrateurs y répondirent par un autre mémoire dans lequel ils supplièrent S. A. de les maintenir dans la possession de leur office, « ou si Elle se portait à donner ces droits à » d'autres, de faire indemniser l'hôpital de ce que pou- » vait lui valoir ledit droit. » Ils lui démontrèrent que l'ensablement de la Loire provenait beaucoup plus de la trop grande largeur de la rivière, entre Nantes et Paimbœuf, que des abus provenant de l'inexécution des réglements. Cette cause d'ensablement, que nous verrons mentionnée de nouveau dans l'enquête, ne s'était pas encore produite.

Les administrateurs espéraient cette grâce de la justice et de la charité de S. A., d'autant plus que la situation précaire de l'hôpital était bien connue de tous, et que les produits de l'office étaient alors une de ses principales ressources ; ils lui exposèrent que « le Sanitat » était réduit à l'extrémité de ne pouvoir plus se sou- » tenir si le roi et les puissances n'avaient la bonté de » le protéger : on a fait voir par un estat détaillé » donné à M. de Brou, intendant de Bretagne, que » l'hôpital, où il y a actuellement autour de 400 pau- » vres, dépense plus de 40,000 liv., année commune, » et qu'il n'a que 9,400 liv. de revenu fixe dont le droit » de délestage est le plus fort ; la conjoncture des » franchissements de tous les contrats en billets de

» banque et la grande cherté des vivres ont contribué à » le réduire dans ce pitoyable état ; et pour comble de » malheur, on ne fait plus de charitez. »

Malgré ces considérations, bien dignes cependant d'être accueillies, S. A. ne se laissa point fléchir : on provoquait une enquête, et l'enquête devait naturellement avoir lieu ; avant d'en parler, disons quelques mots d'un autre incident qui se produisit à la fin de la même année.

Nous avons vu que jusqu'ici les endroits désignés par les réglements pour effectuer les lestages et les délestages ne s'étendaient pas au-delà de Paimbœuf. De nombreuses contraventions ayant lieu sur d'autres points, notamment à Bonne-Anse, à Mindin et dans la rade de Saint-Nazaire, la marine rendit une ordonnance qui étendait à ces points la surveillance à exercer pour la conservation de l'embouchure du fleuve. Les habitants de l'île de Méans furent autorisés à y faire provisoirement les fonctions de lesteurs et délesteurs ; cependant ces fonctions revenaient de droit au Sanitat à qui elles furent en effet proposées quand ces habitants demandèrent au siége de l'amirauté une autorisation définitive. Mais le Sanitat ne parut pas y souscrire. Il sentait peut-être que sa responsabilité était déjà assez engagée, et ne voulait sans doute pas donner de nouvelles prises sur lui en se chargeant d'un service qui lui aurait demandé des sacrifices plus grands que ceux qu'il s'était déjà imposés, et aurait surtout augmenté et ses embarras et les désagréments qu'il éprouvait. Il se laissa assigner devant l'amirauté et abandonna volontiers aux habitants de Méans le lestage et le délestage sur des points si éloignés du centre de son action.

Nous arrivons maintenant à l'enquête prévue, et nous nous y étendrons quelque peu, afin d'en bien saisir la portée et de nous rendre compte des opinions émises par les diverses notabilités entendues sur les causes de ce fameux ensablement qui fait encore aujourd'hui le désespoir du commerce.

Voici les considérations qui la motivèrent : S. M. étant informée que la rivière de Loire, depuis Paimbœuf en remontant jusqu'à Nantes, se gâtait et se remplissait journellement de sable et de cailloux, et que, par suite, elle devenait impraticable, au grand préjudice du commerce, désira y pourvoir. S. M. attribuait cet état au Sanitat, parce que, suivant elle, la police des lestage et délestage des navires français et étrangers qui y viennent était très mal observée depuis que la commission de lesteur et délesteur avait été érigée à titre d'office au mois de mai 1693, et que ladite charge avait été vendue à l'hôpital général de Nantes. Comme on le voit, le Sanitat était directement et exclusivement mis en cause, bien que le mal existât avant qu'il eût accepté le don de M. Gorge. Par arrêt du conseil du 15 mai 1721, M. Paul-Esprit Feydeau, chevalier seigneur de Brou et autres lieux, conseiller du roi en ses conseils, maître des requêtes ordinaires de son hôtel, commissaire député par S. M. pour l'exécution de ses ordres en Bretagne, fut commis pour procéder à l'enquête ordonnée.

Voici maintenant quel en était le programme : M. Feydeau, en vertu de la commission à lui délivrée sur ledit arrêt, avait pour mission : « D'examiner les » abus qui s'étaient introduits depuis la création de » l'office ; d'entendre les administrateurs de l'hôpital

» général, ensemble les échevins, sur les moyens d'y » remédier, sur la nécessité d'établir un maître de quay, » de préposer des commis pour veiller à l'exécution des » ordonnances et règlements et avertir les officiers de » l'amirauté des contraventions qui y seraient faites. » On voit déjà qu'il s'agissait d'une enquête très sommaire dans laquelle ne devait point être agitée la question émise dans le mémoire du comte de Toulouse d'enlever au Sanitat la propriété de l'office. C'était moins sévère et plus légal.

Cependant, M. Feydeau ne rendit que le 6 janvier de l'année suivante son ordonnance fixant l'enquête au samedi 10 du même mois. Ce jour-là, à dix heures du matin, il entendit les parties, en son hôtel à Nantes. MM. René de Marques et Pierre Bouchaud étaient les délégués du Sanitat ; MM. Mellier, maire, Perrissel, N. Bouhier, Joachim Darquistade et Louis Joüanneaulx fils, représentaient le corps de ville. Outre ces parties, les officiers de l'amirauté et l'huisiser visiteur furent admis à fournir leurs dires et raisons dans le cours de l'enquête.

Les administrateurs du Sanitat, entendus les premiers, « représentèrent très humblement que le mauvais état » de la rivière ne venait pas de la mauvaise régie du » délestage, mais de ce que son lit, depuis Nantes jusqu'à » Paimbœuf, est si large et si peu profond que le cours » n'en peut être assez rapide pour la nettoyer des sables » que les crues y amènent et qui sont retenus par le flux » et le reflux. Cela est si vray, que tous les nouveaux » bancs de sable ou grêves qui se forment fréquemment, » depuis Nantes jusqu'à Paimbœuf, sont de même nature » que tous les sables de la rivière de Loire, sans qu'on » y voie de celuy qu'on apporte de Hollande pour lest,

» lequel a la propriété de se précipiter d'abord et ne » varier jamais. Quant aux abus qu'on impute aux fer- » miers du délestage, les administrateurs ont pris pour » les éviter toutes les précautions possibles. En donnant » ce droit à ferme, ils ont choisy pour leurs fermiers les » personnes les plus capables d'exécuter ponctuellement » les obligations portées par l'édit de création et référées » dans leurs baux ; savoir, à Paimbœuf, le sieur Neveu, » lequel est toujours sur les lieux, et qui estant commis » du commissaire des classes, dont il a toute l'autorité » en main, peut empêcher les malversations infiniment » mieux que tout autre pourvu de commission amovible; » et à Nantes, la personne préposée pour cela estant sous » l'inspection continuelle des administrateurs, ne peut » facilement s'écarter de ses obligations. »

Après ces paroles qui prouvent clairement : que les causes du progrès de l'ensablement ne doivent plus être attribuées aux seules contraventions signalées ; que si ces contraventions constituent une cause accidentelle, il existe des causes naturelles et toutes puissantes contre lesquelles le Sanitat ne pouvait et n'avait pas pour mission d'opposer une résistance inutile et dérisoire ; et que, dans l'intérêt même de la conservation du fleuve, il ne pouvait déléguer ses pouvoirs à des personnes qui fussent plus en état que les fermiers de tenir la main à l'exécution des règlements ; après ces paroles, disons-nous, les administrateurs, renvoyant à qui de droit sa part de responsabilité, continuèrent ainsi :

« Sy malgré toutes ces précautions, les capitaines » de navires, de barques, jettent du lest en la rivière, » on ne peut l'attribuer qu'à l'inattention des officiers

» de l'amirauté qui, depuis le 4 juillet 1712, touchent » sur les navires entrants et sortants un droit consi» dérable pour visittes qu'ils ne font point, non plus » que l'officier visiteur; de sorte que le plus sûr » expédient contre cet abus serait d'assujétir néces» sairement les dits officiers de l'amirauté aux dites » visittes; et si elles se trouvaient incompatibles avec » leurs autres fonctions, on pourrait établir un maître » de quay et des commis à Nantes, au Pellerin, Paim» bœuf et Saint-Nazaire, pour veiller à l'exécution » des ordonnances et règlements concernant le lestage » et le délestage, et avertir les dits officiers de l'a» mirauté des contraventions qui y seraient faites. » Les appointements de ces employés pourraient être » pris sur le produit du dit droit de visitte, sans que » les officiers de l'amirauté puissent se plaindre puis» qu'ils seraient déchargés de la dite visitte, et qu'il » ne paraît pas qu'ils ayent rien financé pour cela si ce » n'est l'huissier visitteur. »

En effet, à chacun son rôle: à l'amirauté celui de veiller à ce que la loi ne fût point violée par les navires qui se lestaient ou se délestaient clandestinement; au Sanitat celui d'effectuer l'opération matérielle sur les vaisseaux quand ces vaisseaux venaient se soumettre aux exigences des règlements en vigueur.

Messieurs les officiers de l'amirauté furent entendus immédiatement sans doute en raison des accusations qui précèdent. Avant l'enquête, l'amirauté qui croyait ne pas devoir y paraître, avait adressé un mémoire à M. Feydeau. Ces officiers commencèrent par témoigner leur surprise « des termes peu convenables dont les dits adminis» trateurs s'étaient servis, puisqu'ils avaient une infinité

» de preuves des contraventions commises par les fer-
» miers des droits. » Ils alléguèrent que ces fermiers n'avaient ni le nombre de bateaux, ni le nombre de commis prescrits ; « par exemple, ils n'ont à Nantes
» qu'une femme qui est leur fermière ; pour le Pellerin
» et Couëron, un valet de la dite fermière ; à Paimbœuf,
» un fermier qui n'a point de commis, quoyque par l'ar-
» rest du conseil du 20 décembre 1694, il doive y en
» avoir deux. »

Ces messieurs attribuèrent les progrès de l'ensablement, en partie aux abus qui étaient la conséquence de cet état, et en partie « aux sables qui descendent par les
» grandes crues et aux terres qu'elles détachent des
» isles. » Ils acceptèrent la nomination de maîtres de quais et de commis, proposée par les précédents, mais à condition que les gages de ces nouveaux employés seraient à la charge du Sanitat et non à celle de l'amirauté.

Ils proposèrent « quelques moyens qui n'avaient pas
« encore été pratiquez pour conserver la profondeur de
» la rivière depuis son embouchure jusqu'à Paimbœuf,
» et même jusqu'à Nantes, comme de mettre un homme
» de confiance dans chaque vaisseau au moment qu'il
» mouillera, qui n'en sortira point que tout le lest n'ait
» été mis dans les bateaux de délestage. »

Ce moyen pouvait être bon, mais il était impraticable par une raison fort simple, c'est que ces hommes de confiance n'auraient pas été incorruptibles. Enfin, ils conclurent en disant que, dans l'intérêt du service, les administrateurs devraient être assujétis à régir par eux-mêmes leur office, ou du moins à n'affermer leurs droits que de concert avec l'amirauté. La première partie de cette conclusion était logique, la seconde n'était point juste, car le Sanitat usait d'un droit en consentant seul ses fermages.

L'huissier visiteur et délesteur de Nantes, le Sr Charles-Hercule Fauvel, fut ensuite introduit. Il s'étendit en récriminations contre le Sanitat et ses fermiers, et s'attacha à se justifier et à prendre fait et cause pour l'amirauté. Pour démontrer que celle-ci était parfaitement innocente des progrès de l'ensablement de la Loire, il cita un fait naturel fort éloquent, mais qui prouvait en même temps que la régie bonne ou mauvaise des fermiers du Sanitat ne pouvait en être accusée.

« Depuis Nantes jusqu'à Ancenis, dit-il, n'y a-t-il
» point de bancs de sables? Et à la porte de Nantes,
» entre la prairie de Mauves et celle de la Magdelaine, n'a-
» t-on pas veu que l'année dernière un petit batteau
» qui tenait seulement un pied d'eau avoit de la peine
» à y passer avant les crues? Dira t-on pour cela que
» ce soit la faute de l'amirauté? Il faudrait, en ce cas,
» que quelque vaisseau hollandais ou autre eût passé
» par-dessous les ponts. »

Hélas! non; et les administrateurs entendus pouvaient avec raison dire comme M. Fauvel: « Dira-t-on pour » cela que ce soit la faute du Sanitat? » Nous ferons observer que M. Fauvel, qui attribue l'ensablement de la Loire, en amont de Nantes, à une cause naturelle, est évidemment d'un avis contraire au sujet de la Loire maritime. Il y a là une injuste contradiction; mais le fait par lui cité est d'une grande valeur, car il justifie le Sanitat et vient confirmer les dires des administrateurs.

Messieurs les maires et échevins, au lieu de s'emparer tout d'abord des questions superficielles agitées par l'amirauté et l'huissier visiteur, commencèrent par déclarer que l'affaire n'était point suffisamment instruite, et que pour en parler en toute connaissance de cause il était nécessaire de procéder sur les lieux à une enquête minutieuse et complète faite avec le concours des pilotes lamaneurs du Croisic, du Pouliguen, de Saint-Nazaire et de Paimbœuf; avec celui des maîtres de gabarres, des capitaines de navires et des anciens navigateurs, qui avaient le plus souvent armé dans la rivière de Nantes; de prendre en conséquence « des éclaircissements » sur les bancs qui se trouvent dans cette rivière, sur » les brasses d'eau, sur les courants, sur les marées qui » y portent, sur les lieux où il convient de mettre le » lest, et généralement sur les inconvénients qui peuvent » arriver à l'occasion des endroits où le lest se met » actuellement. Sans ces instructions qui sont préalables, » et qu'il est nécessaire d'examiner avec M. de La Fond, » ingénieur du roi, sur une carte exacte de cette » rivière, à laquelle il travaille, il ne convient pas que » les maires et échevins hazardent sur cela des conjec» tures frivoles. »

Après ces sages paroles qui dénotent des esprits éclairés, ils discutèrent les moyens à employer pour arrêter les abus provenant du délestage; et, comme l'amirauté, ils proposèrent, faute de mieux, de mettre un homme de confiance sur les navires qui entreraient sur lest dans la rivière. Sur tout le reste, ils furent de l'avis des administrateurs du Sanitat et non de celui des officiers de l'amirauté.

Telle est cette enquête. A part les quelques récriminations qui s'y produisirent, elle a son importance : elle prouve, en effet, que les causes réelles de l'ensablement du fleuve, objet de toutes les préoccupations, étaient alors bien connues, et que jusque-là les moyens employés pour en arrêter les progrès n'avaient été que des moyens dérisoires. Quelque sommaire qu'elle soit, elle révèle la tendance des esprits : le maire et les échevins, en déclarant que l'affaire n'était pas suffisamment instruite, reconnaissaient que l'autorité avait négligé les moyens d'arriver à une enquête sérieuse et qu'elle semblait ignorer le terrain sur lequel devait être portée une question d'une si haute gravité. En faisant sentir la nécessité d'études préalables, en formulant à leur tour un programme sérieux, en demandant en un mot une enquête approfondie qui fût l'œuvre de personnes d'une compétence irrécusable, ils montraient toute la circonspection que l'on doit mettre à résoudre les questions qui touchent aux intérêts généraux d'un pays, et toute la puissance que l'opinion doit exercer dans les affaires dont la solution dépend des lumières de l'expérience autant que de celles que la pratique n'a pas encore consacrées.

Quelles conséquences eut cette enquête ? Aucune, au moins pour le moment. Cependant de deux choses l'une : ou le gouvernement connaissait véritablement les causes de l'ensablement du fleuve, ou il les ignorait complètement. Dans le premier cas, il aurait pu essayer de les combattre par des moyens nouveaux et plus rationnels que ceux employés jusqu'alors ; dans le second cas, il pouvait se dispenser d'ajouter une foi absolue aux plaintes dirigées contre le Sanitat seul par des agents responsables au même titre que ce dernier, et dont l'innocence ne pouvait être admise qu'autant que la culpabilité de l'hôpital eût été exclusivement reconnue.

Quelque temps après, il fut question de recourir à un moyen terme : l'amirauté proposa de diviser la circonscription attribuée à l'office, en laissant au Sanitat, Paimbœuf et les autres lieux, mais en lui ôtant le port de Nantes, lequel serait confié cette fois à la municipalité de cette ville, moyennant une somme annuelle de 600 livres que la ville paierait à l'hospice, à titre d'indemnité, et qui serait prélevée sur les droits d'octroi. Pour comprendre l'exiguité de ce chiffre, il est bon de dire que l'office, par suite de tous les incidents dont nous venons de parler, ne rapportait guère plus de 2,000 livres par an. La ville était contente d'accepter ces conditions pourvu que le Sanitat y donnât son assentiment. Mais les administrateurs ne s'y décidèrent pas ; et dans la crainte d'une pression sur ce point, ils écrivirent le 26 février 1735 à Mgr Chr. L. Turpin de Crissé de Sauzay, alors évêque de Nantes, pour le prier de défendre à Paris les intérêts de leur hospice. Enfin, pour faire taire un peu les clameurs, le Sanitat prit en mains la régie des droits à Paimbœuf tout en conservant sa fermière à Nantes. Si cette mesure leur valut la paix à Paimbœuf, à Nantes les plaintes ne discontinuèrent point, comme on va le voir par la lettre ci après :

« S A. S., écrivait M. Lenfant, le 4 mai 1737, à M. Durocher, l'un des administrateurs, ne peut s'empêcher de donner attention aux plaintes qui lui sont journellement faites sur le fait du délestage du quay d'Estrées, où l'on fait mettre plus de lest qu'on n'en retire. Elle me vient de donner ordre de vous en écrire, et de vous mander que son intention est que, sans différer, vous ayés à remplir ce qui est de vostre ministère en semblable occasion. En un mot, S. A désire que les choses se passent dans l'ordre et la règle, et elle-mesme m'a chargé de vous recommander de sa part d'estre ferme à cet égard. Vous devriés d'autant plutôt vous y porter, qu'il s'agit en cela de l'exécution des réglements, et que vous feriés sentir par vostre exactitude à réprimer les contraventions, l'authorité du siége et des officiers qui le composent.

» Je suis, etc. **Lenfant.** »

Enfin, la grande conséquence de l'enquête, bien qu'elle se laissât longtemps attendre, fut l'important arrêt du conseil du 28 mars 1739, qui réglementa la matière de façon à faire disparaître enfin tous les abus, en édictant de fortes peines contre les contrevenants, notamment la prison et même la confiscation des navires. Le préambule de cet édit nous montre quel était alors l'état de la rivière.

« Le roy ayant été informé, y est-il dit, du mauvais » état de la rivière de Nantes, causé par la grande » quantité de lest que les maîtres des navires ont jeté » dans le lit et à l'entrée de cette rivière, ce qu'ils ont » aussi pratiqué dans les rades de Bonne-Ance et Saint- » Nazaire, où les bâtiments étrangers qui vont charger » des sels du païs de Guerrande, allaient autrefois mouil- » ler, ce qu'ils ne peuvent plus faire aujourd'hui, parce » que ces rades sont entièrement comblées, et que la » rade de Mindin, où ils vont présentement, depuis la » perte des deux autres, est sur le point de devenir » dans le même état. Que si ces versements de lest » continuent, cette rade deviendra absolument imprati- » cable, aussi bien que la rivière de Nantes, dans la- » quelle les bâtiments ne pourront plus entrer à cause » des bancs qui s'y forment. S. M. aurait donné des » ordres sur les lieux pour examiner les moyens qui

» pourraient être mis en usage pour empêcher la continuation d'un abus si préjudiciable au commerce, » etc. »

Cet arrêt entre dans de grands détails pour régler toutes les parties du service.

Le titre premier s'occupe des ports et mouillages situés dans la rivière de Nantes, dans lesquels il sera permis de lester et délester les bâtiments de mer : ces ports et mouillages sont Paimbœuf, le Pellerin, Couëron et Nantes; aucun navire, à moins de circonstances exceptionnelles, ne pourra mouiller à Bonne-Anse, Mindin ou St-Nazaire.

Le titre deuxième détermine les devoirs et obligations du titulaire de l'office, quant à l'opération matérielle du lestage et du délestage ; il fixe ensuite le nombre et le tonnage des bateaux qu'il sera tenu d'affecter au service. Il aura à Nantes deux bateaux du port de vingt-cinq tonneaux chacun de lest effectif, outre un pied de vibord ; à Couëron et le Pellerin, deux autres bateaux du port de trente tonneaux chacun ; à Paimbœuf, quatre bateaux dont deux seront du port de quarante tonneaux chacun, un de trente et un de vingt-cinq, outre un pied de vibord. Ce titre fixe ensuite la police et le service de ces bateaux, le nombre des commis, leurs devoirs, les peines disciplinaires qui leur seront applicables, etc.

Le titre troisième s'occupe du lestage et de la police qui y sera observée par les capitaines et maîtres, et par les matelots-gardiens au service de l'officier visiteur.

Le titre quatrième règle les conditions du délestage, eu égard aux mêmes personnes.

Le titre cinquième fixe les nouveaux droits auxquels seront assujétis les capitaines et maîtres pour raison du lestage et du délestage.

Comme précédemment, il y aura un droit fixe et un droit proportionnel ; les droits fixes seront : 20 sols pour chaque bâtiment du port de vingt tonneaux et au-dessus, 10 sols pour ceux du port de neuf tonneaux jusqu'à dix-neuf, et 5 sols pour ceux au-dessous de neuf tonneaux. Les autres droits seront : pour le lestage, 18 sols par chaque tonneau de lest qui sera embarqué dans les bâtiments ; et pour le délestage, 18 sols par chaque tonneau des deux tiers de la capacité du port entier des bâtiments, soit que ces bâtiments aient plus ou moins de lest.

Le titre suivant est commun à l'officier visiteur et aux maîtres des navires.

Le dernier titre, qui vient ensuite, règle la marche des procédures nécessitées par les contraventions. Cet arrêt, revêtu de l'attache de Mgr L. J. M. de Bourbon, duc de Penthièvre, le 10 avril suivant, fut enregistré au greffe de l'amirauté de Nantes, le 29 dudit mois. On voit qu'il ne modifiait rien, quant au fond de la question ; il agrandissait le cercle d'action du gouvernement par la création de nouveaux emplois et celui de l'office par l'extension de l'ancien service ; c'était déjà beaucoup pour mieux assurer l'exécution des réglements, mais ce n'était pas assez pour arrêter les progrès de l'ensablement. Un point important, c'est qu'il ordonna au titulaire de faire régir désormais son office par des personnes soumises à l'agrément des juges et consuls et à la prestation de serment devant l'amirauté.

Parmi les emplois créés, le plus important était celui d'un inspecteur pour le lestage et le délestage : un arrêt spécial du 11 avril suivant attribua ces fonctions nouvelles aux juges et consuls en charge, et à leurs successeurs après eux, en attendant qu'il y fût autrement pourvu.

Le port dans lequel le service acquit le plus d'extension fut Paimbœuf ; cela démontre l'importance croissante de cette petite ville, par suite du stationnement dans sa rade d'un plus grand nombre de navires. Dans le courant de juin suivant, le sieur Lafite, qui y régissait les droits, fut autorisé par le Sanitat à passer avec le sieur Bouernais, charpentier, un marché pour la prompte construction de deux bateaux, l'un de 40 et l'autre de 50 tonneaux.

Les régisseurs nommés par le Sanitat furent : pour Couëron et le Pellerin, le s[r] Lamarre ; et pour Nantes, le s[r] François Périssel-Dutuet. Les gages de chacun étaient 300 livres par an et 1 sol par livre du produit de leurs recettes. Nous venons de voir quel était le régisseur des droits à Paimbœuf.

Telles furent et les modifications nécessitées par l'édit de 1739, et la nouvelle organisation du service. Tant de soins et de peines devaient demeurer stériles pour les pauvres, car le Sanitat était à la veille de perdre son office.

M. de Monty mourut à la fin de cette année ou au commencement de l'année suivante. Les administrateurs ne s'empressèrent pas « de donner un homme au roi » pour lui succéder. Cette négligence leur coûta cher. L'office, sans titulaire officiel, tomba aux parties casuelles, comme on le disait alors, et fut vendu par le gouvernement à un sieur Jean-François Morand, bourgeois de Paris. Il obtint des lettres de provisions, datées du 8 avril 1740 ; le 18, S. A. S. y mit son attache, et, le 21 mai suivant, l'amirauté le reçut en sa charge, après information de « ses bonnes vie et mœurs, et religion catholique, apostolique et romaine. »

Les administrateurs ne surent tout cela qu'après l'entrée du nouveau titulaire dans la possession régulière et légale de l'office.

Il est pénible de voir le gouvernement retirer ainsi par surprise aux pauvres l'une de leurs principales ressources, dans un moment où la situation de l'hôpital était fort compromise; mais il n'est pas moins pénible de voir les administrateurs se laisser enlever par négligence un revenu qui leur devenait de plus en plus indispensable, et cela à l'époque même où ils venaient de s'imposer de nouveaux sacrifices dans un intérêt d'avenir.

Si un fait peut être utilement invoqué pour démontrer tout à la fois la supériorité des institutions modernes sur les anciennes, et la disparition d'une foule d'abus en matière d'administration, c'est bien celui-là. Aujourd'hui, un tel fait ne saurait se reproduire, parce que le gouvernement s'intéresse d'une manière sérieuse aux faibles, aux infortunés, aux travailleurs qui, dans leurs besoins, trouvent un asile dans les hôpitaux; et parce que les administrations hospitalières restant en fonctions pendant une certaine période d'années, connaissent sûrement les détails des intérêts qui leur sont confiés. Si par hasard, le soin d'un de ces intérêts échappait aujourd'hui à une commission hospitalière, le gouvernement s'empresserait de l'en prévenir en temps utile.

C'est que, dans nos sociétés modernes, tout se lie et se tient, parce que la solidarité s'étend un peu partout; tandis que, sous l'ancien régime, l'isolement des classes, créé par la diversité des intérêts, ne permettait pas au gouvernement d'agir d'une manière uniforme dans la distribution de la justice.

Les administrateurs du Sanitat s'adressèrent à M. le

comte de Maurepas pour réclamer contre cette surprise. Mais c'était trop tard. Le 21 juin 1740, M. de Maurepas leur écrivit la lettre suivante, datée de Versailles :

« Messieurs, j'ay receu avec la lettre que vous m'avés écritte le 24 du mois passé ; les papiers qui y étaient joints au sujet de l'office de lesteur et délesteur des navires dans la rivière de Nantes, que l'on avoit acquis en 1693, des deniers des pauvres de l'hôpital du Sanitat. Il est très-fâcheux pour cette maison que depuis le décez du dernier titulaire vous ayés négligé d'y faire pourvoir un autre sujet et que fautte d'attention vous ayés laissé tomber cet office aux partyes casuelles où il vient d'estre levé. Cette affaire regarde M. le controlleur-général auquel je l'ay remise en le priant d'observer que c'est le bien des pauvres, que la maison où ils sont en grand nombre n'a pas de revenu suffisant pour en entretenir à peine la moitié, et que ce sont les aumosnes et les charités qui y suppléent. Je lui ay représenté toutes les raysons qui le peuvent engager à conserver à l'Hôpital cet office ; je vous feray savoir la réponse qu'il me fera, pour vous mettre en estat de prendre les arrangements qui conviendront. Cependant vous devés toujours continuer à faire régir la police qui a esté ordonnée par l'arrest de mars de l'année dernière, concernant le délestage, jusqu'à ce que Sa Majesté n'en ait autrement ordonné, et je vous informeray de ce que M. le controlleur-général me marquera en réponse. »

M. de Maurepas n'obtint point, en faveur du Sanitat, la réparation sur laquelle il avait compté un instant. La régie fut faite par le sieur Morand, et l'Hôpital dut se résigner à la perte de l'office, sans avoir même l'espoir de toucher, par compensation, du gouvernement, la moindre petite indemnité.

Cela prouve combien la propriété était peu respectée autrefois, et combien les coutumes et les lois favorisaient les abus en les absolvant d'avance. Le rôle que le gouvernement vient de jouer ici ressemble fort à celui de ce propriétaire qui, après avoir reçu le prix d'un immeuble vendu par lui, trouverait encore moyen, sous prétexte de non accomplissement de quelque formalité, de rentrer dans sa propriéte qu'il revendrait ensuite, tirant ainsi deux moutures du même sac.

Que devint le matériel du Sanitat? Il fut sans doute vendu; le nouveau titulaire l'acheta probablement et cette vente dut se conclure dans de mauvaises conditions pour le vendeur.

Dix ans se passèrent, au bout desquels survint le décès du sieur Morand. Ses héritiers vendirent l'office à un sieur Peloteau, par contrat du 27 octobre 1750. Le Sanitat saisit cette occasion avec empressement pour revendiquer de nouveau ses droits. Dans leur séance du 19 novembre suivant, les administrateurs arrêtèrent d'écrire à M. le chancelier Daguesseau pour le supplier de procurer aux pauvres les moyens de rentrer dans leur ancienne propriété, joignant leur offre de rembourser au sieur Peloteau le prix de son achat ; ils arrêtèrent pareillement d'écrire à S. A. S. monseigneur l'amiral, pour le supplier de n'accorder son attache qu'en faveur de l'administration et aux offres ci-dessus, et d'adresser les lettres et autres pièces nécessaires à Mgr Pierre Mauclerc de la Muzanchère, évêque de Nantes, lequel serait instamment prié d'appuyer de sa protection auprès du chancelier et de S. A. S. la cause et les intérêts des pauvres à ce sujet.

4

Tout cela fut fait ; mais ce fut peine perdue. Le contrôleur général écrivit de Versailles, à la date du 31 décembre 1750, la lettre suivante, dont l'original est sous nos yeux :

« Messieurs, après avoir examiné le mémoire que vous aviés adressé à M. le chancelier Daguesseau, au sujet de l'office de lesteur et délesteur de la rivière de Nantes, que le sieur Peloteau a acquis des héritiers du sieur Morant, dernier titulaire, je n'ay pas trouvé que vous fussiés fondés à demander la préférence de cet office. Quelque grande que puisse être la faveur des pauvres, elle ne doit jamais rien produire contre la justice. Vous ne rapportés aucune preuve du fait que vous allégués, que le sieur Morant avait promis de ne disposer de cet office qu'en faveur de l'hôpital, et vous n'en avés pas davantage de la préférence que vous allégués vous avoir esté promise par les héritiers. Ainsi le sieur Peloteau ayant en sa faveur un titre translatif de la propriété de cet office, je ne pourray me dispenser de sceller ses provisions lorsqu'elles me seront présentées. Je suis Messieurs, vostre affectionné à vous servir. Signé : Machault. »

Ainsi tombent pour toujours les espérances du Sanitat. Il ne rentrera plus dans la jouissance d'un revenu dont il déplorera amèrement la perte ; car, jusqu'à l'époque de la révolution, ses besoins grandiront, tandis que ses ressources diminueront chaque année.

Le soin de la conservation de la Loire sera désormais dévolue à d'autres, jusqu'à ce que le gouvernement, mieux inspiré cette fois, s'en soit emparé lui-même.

Nous avons dit, dans cette note, ce qui était peu connu ou tout à fait ignoré. Nous ne nous étendrons pas davantage ; car nous n'aurions qu'à répéter ce qui a été dit déjà, ou ce que tout le monde connaît aujourd'hui. D'ailleurs, le Sanitat disparaît de la scène; dès-lors, notre tâche est finie et cette note doit se terminer ici.

Qu'il nous soit permis cependant de tirer de notre récit la conclusion qu'il comporte. La navigation de la Loire maritime est entravée depuis des siècles. Nous avons constaté que cette partie du grand fleuve est malade depuis plus de deux cents ans, et qu'on lui a autrefois appliqué les remèdes de l'empirisme ancien auxquels ont succédé aujourd'hui ceux de la science moderne. Aujourd'hui, malgré les efforts intelligents de la science, on répète ce que l'on disait il y a deux siècles : « Le beau fleuve de Loire, la rivière de Nantes est gastée. »

Le problème n'est donc pas encore résolu; et, selon l'opinion, la question reste même entière. Pourquoi cela ? Est-ce parce que la science, pas plus que l'empirisme, ne peut galvaniser un corps mort? Est-ce parce que les causes de l'ensablement présentent une résistance supérieure à la puissance qui leur est opposée ? Est-ce, en un mot, parce qu'un effet, fût-il un instant détruit, doit essentiellement renaître et se renouveler tant que subsiste la cause qui le produit? Qu'un mal a pour loi de grandir, de parcourir ses diverses phases tant qu'il n'est pas attaqué dans sa source même? Depuis plus de deux siècles, on combat cet effet, ce mal ; mais la cause, la source en paraissent sinon insaisissables, du moins indestructibles. D'où viennent les sables qui encombrent le lit du fleuve? Viennent-ils d'en haut ?, qu'on les empêche alors de descendre jusqu'aux ponts de Nantes. Viennent-ils de la mer? que l'on trouve alors un moyen de les fixer en dehors de l'embouchure du fleuve. Cela n'est pas possible, nous dira-t-on; et, en effet, il y a là une loi naturelle dont la force est indomptable. Mais alors la logique, puissamment aidée en ceci par le flux et le reflux des eaux, nous condamne à admettre en principe le progrès constant de l'ensablement, et par suite la transformation, au bout d'une période d'années que le calcul peut assigner d'avance, d'une partie de la Loire maritime en un vaste pâturage. Un délai si éloigné de nous est de nature à consoler certaines gens qui, satisfaits du présent et sans souci de l'avenir, disent volontiers : « Après nous le déluge. » Nous ne parlons pas, on le conçoit, à cette classe de philosophes.

Puisque la science ne peut ni arrêter les sables en amont des ponts, ni les fixer en dehors de l'embouchure du fleuve, elle est donc condamnée à combattre éternellement l'obstruction, soit en draguant ces sables dans la Loire maritime, soit en les forçant à descendre vers la mer. Le premier système serait trop coûteux et n'obtiendrait qu'un succès éphémère. Le second système, pratiqué aujourd'hui, et consistant à créer des courants plus ou moins rapides au moyen de digues longitudinales submersibles, est aussi fort dispendieux ; s'il réussissait jamais, la Loire maritime deviendrait semblable au Rhône, de sorte que l'on aurait seulement réussi à remplacer un mal par un autre mal.

Ainsi donc, de quelque côté qu'on envisage cette question, on est amené, par la force des choses, à ne plus contraindre vainement le fleuve de fournir à la grande navigation une voie qu'il s'obstine à lui refuser.

Les personnes qui se seront donné la peine de lire cette note auront pour ainsi dire assisté au combat, plus que deux fois séculaire, livré par l'autorité aux sables de la Loire, et se seront rendu compte des inquiétudes que l'ensablement de ce beau fleuve cause au commerce de Nantes depuis plus de deux cents ans. Elles diront qu'après deux siècles d'efforts infructueux, il est enfin permis de songer sérieusement aux moyens de sortir d'une situation qui, en empirant sans cesse, finira par devenir désastreuse pour tout le pays nantais. Puis, elles seront naturellement amenées à s'associer à tout projet qui aura pour objet et pour but de conjurer le danger ; elles diront : « Donnez-nous une route, toujours sûre, » toujours praticable aux navires, entre Nantes et la mer; » si la Loire s'y refuse, prenez-lui ses eaux et laissez-lui » ses sables, et recevez ses eaux dans un canal. »

Il y a deux cents ans, certains jugèrent déjà le beau fleuve bien malade et proposèrent de lui substituer, pour la grande navigation, un canal maritime de Nantes à la mer. Aujourd'hui, les mêmes idées ont cours et le même projet est de nouveau soumis à l'étude. Alors, comme aujourd'hui, la science était le promoteur de ce projet : alors la science était représentée par des Hollandais dont la compétence en pareille matière ne saurait être contestée ; aujourd'hui, pour l'honneur de la France, elle est représentée par des Français qui, sans doute, ne sont pas moins habiles que les premiers.

En France, à Nantes même, la science est, dit-on, divisée sur l'utilité ou l'opportunité du canal de Nantes. Cela n'a pas lieu de nous surprendre. Les savants eux-mêmes ne sont pas tenus d'être toujours d'accord entr'eux. Quand une question, sortant du domaine purement scientifique, vient se poser sur un terrain que ne lui assigne pas la science, alors les savants, semblables en cela à tous les hommes, raisonnent moins et discutent davantage : *Summi sunt, homines tamen.* Mais il ne convient pas d'accorder à une hostilité qui a une telle origine, une importance qu'elle ne saurait justifier.

Cela nous rappelle l'enquête de la commission internationale au sujet du canal maritime de Suez. Feu Robert Stéphenson, le plus grand ingénieur moderne de l'Angleterre, condamna le projet d'une communication directe par eau et à travers l'isthme, entre la Méditerranée et la mer Rouge ; selon lui, l'exécution de ce projet était d'une impossibilité radicale. Tout le monde sait que ce canal s'exécute : avant un an peut-être les eaux de la Méditerranée et celles de la mer Rouge viendront se confondre au sein de cette huitième merveille du monde. Comme on le voit, la science est loin d'être infaillible.

Pour le canal de Nantes, la possibilité d'exécution n'est pas contestée ; comme la nature se prête merveilleusement à cette exécution, il était bien difficile, en effet, de la révoquer en doute. Mais ce canal est-il aujourd'hui nécessaire ? Il nous semble que l'histoire l'affirme suffisamment. Sera-t-il utile ? Cette question est oiseuse : ce qui est nécessaire est essentiellement utile. D'ailleurs la question d'utilité, d'opportunité échappe à la science : c'est au commerce de Nantes, c'est aux navigateurs, c'est à l'opinion de la résoudre. Nantes demande une route sûre et toujours praticable pour ses communications avec la mer ; et l'opinion voit cette route dans un canal. Celui-ci ne s'emparerait que d'une faible partie de la Loire ; ce fleuve resterait donc, comme par le passé, le domaine de la science qui aurait là, par conséquent, un champ assez vaste pour se livrer à ses expérimentations, tant qu'il plairait à l'administration de les faire continuer. Dans cet état, la part du canal étant faite, et celle de la science restant à peu près la même, nous ne voyons guère quel serait l'ombrage que le canal porterait à la science.

A l'hostilité d'une partie de la science, viendrait se

joindre celle d'une puissante Compagnie. L'opposition faite au canal acquiert dès lors une plus grande force. Les intérêts de cette Compagnie sont-ils plus grands, plus précieux que ceux de tout un pays riche de son industrie, de son commerce et de sa population? Il serait bien facile de combattre son opposition : il suffirait pour cela de retourner contre cette Compagnie les arguments qu'elle a dû faire valoir ici autrefois contre les intérêts privés, contre une foule d'industries locales auxquelles, comme toute nouvelle création, elle a nécessairement porté atteinte, quand elle ne les a pas entièrement détruites ou ruinées.

Nous ferons ici une seule réflexion qui a son importance. De deux choses l'une, ou cette Compagnie croit que la science réussira à creuser dans le lit du fleuve un chenal qui permettra aux gros navires chargés, de monter jusqu'aux quais de Nantes, ou elle n'y croit pas.

Si elle y croit, son opposition n'a pas de raison d'être; car il est évident pour tout le monde qu'un tel chenal équivaudrait à un canal. Si elle n'y croit pas, son opposition s'explique : c'est qu'elle veut laisser la science se noyer dans la Loire; quand le fleuve sera devenu impraticable, le monopole des transports entre Nantes et Saint-Nazaire lui sera acquis indéfiniment, à la grande joie de ses actionnaires. Nous soumettons cette réflexion à ceux qui ont des oreilles pour entendre.

Malgré ces oppositions, dont chacune a son mobile différent, le canal de Nantes se fera-t-il? Ce que l'on n'a pas entrepris sous Louis XIV sera-t-il exécuté sous Napoléon III? L'idée a mûri par deux siècles d'attente, et peut-être le soin et la gloire de la réaliser sont-ils réservés à notre époque. L'opinion publique, faible autrefois, mais forte et puissante aujourd'hui, se familiarise volontiers avec cette idée qui répond bien aux grandes conceptions de notre siècle. Quand le moment de résoudre la question sera venu, cette opinion qui est l'expression la plus saine des aspirations des masses éclairées, ne sera sans doute pas dédaignée par le gouvernement. A Nantes, cette opinion est faite ; elle est unanime ; elle peut attendre, car elle ne doute plus du résultat qu'elle espère.

Quand on connaît tout ce qui s'est passé au sujet du canal de Suez ; quand on a vu un seul homme, l'infatigable M. Ferdinand de Lesseps, lutter seul contre le Foreing-Office et déjouer l'intrigue anglaise à Constantinople, on peut espérer, sans être taxé de présomption, que le projet du canal de Nantes, appuyé par l'opinion, vaincra les résistances qu'il rencontre aujourd'hui. La sympathie que notre gouvernement a franchement accordée, en temps utile, au canal maritime de Suez, la bienveillance avec laquelle il accueille tout ce qui porte le cachet d'un progrès réel, d'une amélioration véritable, laisse supposer qu'il ne sera pas hostile à un projet qui, s'il porte une légère atteinte à quelques intérêts privés, à quelque amour-propre froissé, répond à une nécessité des temps, et est, par cela même, appelé à donner satisfaction à des besoins qui, chaque jour, deviennent de plus en plus impérieux.

Le grand roi a eu son canal du Languedoc, lequel est un de ses principaux bienfaits. L'Empereur peut, dès maintenant, avoir son canal de Nantes, lequel serait certainement l'une des gloires de son règne.

BIBLIOTHÈQUE IMPÉRIALE IMPR.

FIN.

NANTES, IMPRIMERIE V. DE COURMACEUL, RUE SANTEUIL, 8.